Les aventuriers de l'Atlas

La collection
« Facile à lire »

La collection « Facile à lire » des éditions La Plume de l'Argilète s'inscrit dans la continuité de son engagement: l'accessibilité à la lecture pour tous.

Aussi, loin de proposer des livres "simplistes", ce sont des ouvrages simples en terme d'ergonomie qu'offre cette collection : format A5 supportant la police Dyslexie© en caractères agrandis, interlignes importants, mise en page aérée, alignement à gauche...

Tout cela agrémenté de jolies images en noir et blanc, qui concilient livres à petit prix et plaisir de la lecture !

Bon à savoir

› la collection « Dyslexie » est parfaitement adaptée aux personnes malvoyantes.

› elle ne gêne en rien la lecture des personnes non concernées par les troubles Dys, mais diminue au contraire l'état de fatigue lors de la lecture.

Le saviez-vous ?

› Un enfant naît dyslexique.
Il ne le devient pas à cause d'une méthode de lecture, ni à cause de l'environnement.

› La dyslexie peut être héréditaire.
Selon l'étude de Hollis Scarborough (1990) portant sur 32 familles dont un parent était dyslexique, "65% des enfants issus de ces familles présentaient une dyslexie".

› La dyslexie touche toutes les catégories sociales. La dyslexie est reconnue comme un handicap. On la garde à vie.

› En France, environ 5% de la population adulte, et 6 à 8% des enfants scolarisés, soit plus de 3 millions de personnes, sont dyslexiques.

› La dyslexie est un trouble spécifique de l'apprentissage de la lecture en l'absence de tout déficit visuel, auditif ou intellectuel, et en dépit d'une scolarisation adéquate.

› Une personne dyslexique lit en 1 an ce qu'une personne non-dyslexique lit en 2 jours.

Pour mes aventurières, Nelly et Emilie.

Responsable éditoriale : Jennifer Bentini
Co-responsable éditorial : Richard Mathieu

Corrections : Elsa Faure-Pompey et Aurore Guillemette

ISBN : 979-10-255-0054-5

Loi n°49-956 du 16 juillet 1949 sur les publications destinées à la jeunesse, modifiée par la loi n°2011-525 du 17 mai 2011.

Première édition décembre 2015.

Elsa Faure-Pompey

Les aventuriers de l'Atlas

Editions
La Plume de l'Argilète

Chapitre 1

Les livres ont un secret

Prunelle allait tous les jours à l'école avec beaucoup de plaisir. Elle aimait lire, écrire, compter et apprendre. Sa maîtresse était vraiment très gentille. Grâce à elle, Prunelle s'était prise de passion pour la géographie. Malgré son jeune âge, elle s'intéressait à tout ce qui se rapportait aux différents pays. Elle avait même commencé à étudier les drapeaux du monde entier. Évidemment, cela faisait longtemps qu'elle connaissait celui de la France, Bleu-Blanc-Rouge. Le drapeau italien était facile à retenir. Il suffisait de mettre du vert à la place du bleu. Curieuse, elle ne manquait jamais de poser des questions sur les traditions de certains pays.

Sun Mon Tues Wed Thur Fri Sat
1 2 3 4
5 6 7 8 9 10 11
12 13 14 15 16 17 18
19 20 21 22 23 24 25
26 27 28 29 30

Prunelle adorait le vendredi, car c'était le jour où la maîtresse faisait la leçon de géographie. Le petit truc en plus de cette maîtresse-là, c'est qu'elle racontait des histoires qui donnaient envie aux élèves de voyager et de lire.
Un jour, Madame Borel leur confia que les livres possédaient un véritable secret, un trésor, que chacun devait découvrir en faisant l'expérience de la lecture.

– Maîtresse, tu ne veux pas nous dire quel est ce secret? avait questionné Lino, un camarade de classe de Prunelle.

Madame Borel avait esquissé un joli sourire avant de répondre :

– Mon cher Lino, le trésor de la lecture ne se découvre qu'en naviguant sur les pages, en volant au-dessus des phrases, en escaladant les virgules et en dormant à la belle étoile sur les mots.

Personne n'avait pas compris le sens de ce message. C'était devenu l'Énigme.

Chapitre 2

La chambre voyageuse

Après l'école, Prunelle rentra chez elle avec une idée en tête. Il lui fallait trouver une occupation pour le long week-end qui s'annonçait. Quand elle arriva à la maison en compagnie de sa maman, il était déjà tard. Elle prit son bain, enfila son pyjama, mangea des spaghettis à la bolognaise pour le souper, et retrouva sa coquette chambre. Il faut dire que ce n'était pas une chambre de fille comme les autres : ni poupées, ni colliers, ni dentelles, ni perles, mais des objets utiles à la connaissance. Prunelle possédait une longue-vue, car elle adorait regarder les étoiles.
Sa grand-mère lui avait offert un magnifique tableau avec les planètes et les étoiles qu'elle avait fixé au-dessus de son lit pour décorer sa chambre.
Un jour, elle irait dans l'espace !

Son goût prononcé pour la géographie l'avait amenée à commander pour son anniversaire, des cartes d'explorateurs. Elle les gardait roulées dans un coin de sa chambre. Parfois, elle les étendait sur son lit, et imaginait le jour où elle ferait le tour du monde avec son sac à dos. Elle aurait rêvé rencontrer les chevaliers, les indiens d'Amérique, les esquimaux et même les Incas.

La nuit s'était installée dans son berceau d'étoiles. Prunelle se mit au lit, un livre à la main, mais elle sombra très vite dans le sommeil. Pour l'heure, le voyage qu'elle ferait serait celui de ses rêves.

Chapitre 3

Invitation au départ

À son réveil, Prunelle, toujours pleine d'enthousiasme, voulut absolument profiter de la journée. Chaque minute comptait ! Il était hors de question de perdre une seule miette du temps que l'on pouvait passer à s'amuser tout en apprenant. Les grands explorateurs comme Christophe Colomb ou Vasco de Gama avaient beaucoup étudié avant de pouvoir réaliser leur rêve.

Prunelle commença par se rendre dans la bibliothèque. Tout à coup, elle repensa aux paroles de la maîtresse :
« Le trésor de la lecture ne se découvre qu'en naviguant sur les pages, en volant au-dessus des phrases, en escaladant les virgules et en dormant à la belle étoile sur les mots. »

Soudain, il y eut comme un éclair dans son esprit. Aussitôt, elle courut dans le bureau pour récupérer son petit ordinateur. Elle s'installa dans le jardin fleuri et rédigea un message à l'attention de son meilleur copain.

« Coucou Robin,

Prépare vite tes affaires et rejoins-moi sur le chemin des Étournelles dans une demi-heure ! Je crois que j'ai découvert la solution de l'Énigme au sujet de la lecture et des livres.

Il faut absolument que
je t'en parle. Je suis sûre
que nous allons faire d'étonnantes
découvertes. N'oublie pas ton chapeau,
il pourrait être utile.

Prunelle »

Elle referma l'ordinateur et se précipita dans sa chambre. Elle attrapa son sac à dos et y glissa ses cartes d'explorateurs. Une boussole, des jumelles y trouvèrent leur place. Excitée, Prunelle se rua dans la cuisine pour prendre une poignée de bonbons. L'aventure qu'elle s'apprêtait à vivre avec Robin pourrait bien leur demander d'avoir beaucoup de forces. Elle n'oublia pas sa gourde, remplie d'eau fraîche. Enfin, pour terminer son sac, il lui fallait retourner dans la bibliothèque.

Prunelle attrapa un livre bien particulier. C'était le plus gros ouvrage de la collection. Sur sa tranche était inscrit en lettres dorées « ATLAS ». Prunelle n'avait absolument aucune idée du sens de ce mot, mais elle avait le sentiment que c'était ce livre-là qui lui permettrait de résoudre l'Énigme. Elle le mit dans son sac, et partit rejoindre Robin, le cœur battant la chamade.

Chapitre 4

Robin, cow-boy dans l'âme

De son côté, Robin n'avait pas tardé pour lire le message laissé par son amie. Le simple fait que Prunelle lui parle d'aventures, avait suffi à éveiller sa curiosité débordante. L'excitation étant à son comble, il exécuta les conseils de Prunelle et prépara quelques affaires. Après avoir expliqué rapidement à ses parents qu'il partait pour la journée rendre visite à sa copine préférée, il embrassa sa mère sur la joue d'un tendre baiser.

Robin adorait l'Histoire. Il se complétait bien avec Prunelle, férue de géographie. Il connaissait déjà de nombreuses dates par cœur. Le petit garçon s'était amusé à découper de vieilles revues que son grand-père lui avait données... Il avait affiché au-dessus de son bureau le portrait d'Abraham Lincoln.

Il adorait ce président des États-Unis parce qu'il avait défendu les hommes qui étaient mis en esclavage. Il avait aussi affiché de grands posters du Far West. Il aurait tellement aimé être un cow-boy. D'ailleurs, il possédait un superbe chapeau digne des cow-boys américains, un Stetson. Prunelle l'embêtait avec ça. Elle se moquait un peu de lui, mais toujours très gentiment. En réponse à ces taquineries, Robin lui avait offert une casquette d'aventurière !
C'était devenu une sorte de code vestimentaire pour jouer les aventuriers.
Plein d'entrain, il emprunta le chemin des Étournelles qui le mènerait tout droit au lieu du rendez-vous. Le chemin sablonneux faisait beaucoup de poussière sous ses pas cadencés.
Coiffé de son chapeau, la peau rosie et piquetée de taches de rousseur, il aperçut au loin Prunelle vêtue en aventurière de safari. Son sac frappait son dos au rythme de sa course. Il sentait déjà que cette journée allait être différente de toutes les autres déjà vécues en compagnie de Prunelle.

Chapitre 5

À l'abri

– Prunelle ! Prunelle ! cria Robin tout en haletant.

– Coucou !

Prunelle, visière ajustée sur le front, rejoignit son fidèle ami. Elle avait des idées plein la tête et les mots lui brûlaient les lèvres. Elle avait tellement hâte de confier sa découverte à Robin. Essoufflé, il arriva à sa hauteur.

– J'espère que c'est croustillant. Je suis parti vite fait et j'ai dit à maman que j'en avais pour la journée ! sourit Robin, les poumons prêts à exploser.

– C'est du sérieux. Je ne sais pas pourquoi j'ai mis autant de temps à piger le truc ! grogna-t-elle après elle-même.

– Et c'est quoi le déclic ? demanda le garçonnet.

– La bibliothèque, lâcha-t-elle, pleine d'assurance.

– Quoi, la bibliothèque?

– C'est évident, Robin! Les bibliothèques sont des temples! Ce sont comme des églises dans lesquelles il faut pénétrer pour découvrir le chœur[1]! Enfin, le cœur quoi... Les bibliothèques possèdent des milliers de mystères et ce sont dans les livres eux-mêmes que l'on trouve les solutions, déclama Prunelle en serrant les poings.

– Euh, ouais! Développe s'te plaît, demanda Robin en allongeant son cou pour signifier qu'il ne comprenait pas tout.

– Les arbres ont des oreilles, chuchota-t-elle un doigt devant la bouche.

– J'ai pris une tente au cas où nous ne pourrions pas rentrer chez nous, souligna Robin, fier de son initiative.

– Parfait! Vite, montons-la.

Les deux compères se mirent à l'œuvre.

---

1. Chœur : partie centrale d'une église.

Leurs muscles à l'épreuve, ils plantèrent les sardines[2] dans la terre d'un champ moelleux et accueillant. Il fallait un endroit sécurisé. Après quelques minutes, sueur sur les tempes, les explorateurs purent souffler un peu. D'ailleurs, Robin ne put s'empêcher de s'écrouler de fatigue.

– Allez ! Hop ! Rentrons, ordonna gentiment Prunelle en traînant son sac à l'intérieur de leur abris.

Robin suivit sans se faire prier. L'aventure allait véritablement débuter.

---

2. Sardines : petits piquets servant à planter la tente.

Chapitre 6

Le code secret

Prunelle et Robin étaient maintenant face à face. La fillette pouvait alors sans crainte dévoiler sa mystérieuse découverte.

— Robin, les livres sont des portes magiques sur le monde. Un jour, mon grand-père m'a dit que seule notre imagination n'avait aucune limite, aucune frontière, comme sur les cartes de géographie. Mais là, Robin, nous avons la clé ! Il faut que l'on se concentre, et je suis sûre que nous allons vivre une formidable aventure grâce à ce livre magique !... Partant ?

Prunelle sortit de son sac le gros livre. Elle fut obligée d'y aller à deux mains. Il était lourd pour ses petits bras. « Un gros livre pour de grands esprits », se disait-elle.

— ATLAS ? Mais qu'est-ce que c'est ? interrogea Robin, une lueur dans les yeux.

– C'est un livre qui parle du monde. Regarde, ces lettres sont pailletées d'or... Et je crois bien, d'ailleurs, qu'elles forment un code secret.

– Un c.. c.. code secret! bafouilla le garçon, la gorge sèche.

– Oui exactement, affirma franchement Prunelle. A-T-L-A-S... : « Aventurier, Tu Liras. Aventure Sera. »

Robin écarquilla de grands yeux. Il était en admiration devant son amie.

– Incroyable! Le livre nous demande de le lire, s'émerveilla-t-il sous son chapeau qu'il n'avait pas ôté.

– Mieux encore, remarqua Prunelle. «Aventure Sera»! Tu ne comprends donc pas, Robin? Ce livre possède un pouvoir magique.

– Et alors, qu'est-ce qu'on fait maintenant?

– Tous les grands aventuriers ont pris un risque un jour! conclut Prunelle. Ouvrons ce livre, et nous verrons bien.

Après un rapide échange de regards, ils plantèrent leurs yeux sur la couverture du gros bouquin. Les quatre mains posées, chacun d'un côté, ils ouvrirent le livre d'un coup. Un jet de lumière éblouissante transperça la tente. Prunelle et Robin embarquèrent pour le grand voyage de leur vie.

Chapitre 7

La cascade entre les mots

Une rivière avait fait irruption entre les lignes. Un arbre avait poussé en plein milieu d'une page ! Une cascade coulait généreusement sur la tranche. Des rochers massifs avaient crevé le bloc de feuilles. C'était un spectacle éblouissant.

De la verdure à perte de vue. Pourtant, le livre était toujours là, posé dans la tente entre eux deux. Mais il ne ressemblait plus du tout à un livre. Le bruit de la cascade cristalline résonnait entre les virgules et les points. Prunelle et Robin étaient subjugués. C'était comme s'ils faisaient un rêve dans la même tête !

– Prunelle, tu vois ce que je vois ?

– Si tu vois ce que je vois Robin, alors nous ne sommes pas fous ! bredouilla Prunelle les bras tendus comme des piquets.

– On ne va pas rester là à contempler la cascade et les rochers toute la journée. Tu crois que l'on peut sortir de la tente ? questionna Robin l'air ahuri.

– À mon avis, la magie du livre ne marche qu'à l'intérieur, raisonna Prunelle. Mais on peut toujours essayer.

Les deux amis prirent soin de ne pas refermer le livre. Ensemble, ils sortirent de la tente par bonds successifs. Quelle ne fut pas leur surprise de constater qu'ils avaient véritablement voyagé !

Il ne faisait plus aucun doute sur les pouvoirs magiques de l'ouvrage. Leur tente n'était plus dans le paisible champ près du chemin des Étournelles. Leur cachette gisait à présent au pied d'un monticule de végétation. Les racines tortueuses d'un arbre serpentaient sur le sol. Le soleil brillait. La lumière était éclatante.

— Robin, je crois que c'est notre jour de chance ! Nous sommes officiellement des aventuriers, fanfaronna joyeusement Prunelle. Elle récupéra le livre et leur périple commença.

Chapitre 8

La jungle

Téméraire dans l'âme, Prunelle prit les devants. Les aventuriers en herbe marchaient à présent au beau milieu d'une forêt qu'ils n'avaient encore jamais vue. Les arbres étaient différents, la terre avait une autre couleur. Robin tournait la tête dans tous les sens pour ne rien manquer de ce spectacle. Tout à coup, Prunelle se baissa puis fit un bond en arrière.

– Attention, Robin ! Je crois que ces bestioles sont dangereuses, fit-elle en montrant du doigt des insectes velus qui grimpaient sur un rocher.

– Regarde Prunelle ! On dirait un village africain. Ce sont des cases !

Prunelle s'avança et confirma qu'il s'agissait bien d'habitations africaines. Après tout, c'était elle la spécialiste en géographie. Elle avait appris beaucoup de choses sur les peuples des autres pays, et justement, elle savait très bien où le livre les avait propulsés.

– Robin, nous sommes en Afrique ! Les cases, les lianes partout, les gros insectes dégoûtants… C'est l'Afrique !

– Alors, tu veux dire qu'on est dans la jungle ? s'étrangla Robin en avalant sa salive.

– Affirmatif ! Nous sommes en train de vivre notre safari, sautilla-t-elle de joie.

Robin quant à lui, n'avait pas l'air rassuré ! Les cow-boys portaient au moins des armes en cas de danger.

– Tu ne vas pas me dire que t'as la trouille, claironna Prunelle.

– N… N… Non. Absolument pas ! mentit Robin en écartant les épaules pour faire passer son mensonge.

– Alors, c'est parti !

Ils poursuivirent leur périple dans la jungle sombre. Il faisait nuit. Le temps ne devait pas être le même dans le livre que chez eux.

La magie devait sans doute tout changer. Alors qu'ils écartaient les lianes sur leur passage, un rayon de lune attira leur attention. Fixés sur ce point, Prunelle et Robin accélèrent la cadence. Mais ils furent vite stoppés dans leur progression. Une rivière faisait barrage.

– Il faut traverser pour atteindre la zone lumineuse, Robin.

– Regarde, il y a des rochers qui nous permettront de passer de l'autre côté, remarqua le garçon, confiant.

Ils enjambèrent le chemin de rochers qui leur frayait un passage parfait au travers de la rivière.

– Oups ! Je crois que c'est un serpent là-bas, et pas une liane ! prévint Prunelle. Baissons la tête. Soyons discrets.

Les aventuriers se turent pour ne pas exciter le serpent qui se balançait entre les branches de l'immense arbre.
Ils retinrent leur souffle, firent attention de ne pas faire gicler de l'eau sous leurs pas. Ils arrivèrent enfin sur l'autre rive. Le danger était derrière et la magie s'offrait à eux.

Mais à peine les aventuriers eurent-ils le temps de s'émerveiller qu'ils durent prendre leurs jambes à leur cou.
Un léopard arrivait sournoisement derrière un monticule de rochers.

Il était prêt à bondir sur la pauvre gazelle qui avait le dos tourné. L'éléphant barrit pour la prévenir. Aussitôt, une course effrénée s'engagea dans la forêt.

Chapitre 9

Un plan de secours

Quelle panique ! Pas facile d'être un aventurier. Essoufflés, mais heureux d'être entiers, les deux enfants se jetèrent au sol pour reprendre leurs esprits. Robin était tellement excité par ces péripéties qu'il fit un trait d'humour.

– C'était géant. Wahou ! J'ai bien cru que la gazelle allait y passer.

– Bah ! On n'en sait rien en fait. On est partis dans l'autre sens. Peut-être que le léopard a réussi à avoir son repas, rétorqua Prunelle, effondrée par terre.

– Mouais, t'as raison ! Tant que c'est pas nous, rigola Robin, adossé à un rondin de bois.

Leur pause ne dura pas longtemps. Ils entendirent des bruissements dans les feuillages. Prunelle fit signe de se taire. Ils s'aventurèrent à faire les curieux.

Ils passèrent leur tête entre les arbres tout serrés. Malheur ! Un mandrill, féroce et inquiétant, était prêt à donner l'assaut. Des vautours menaçaient de les attaquer. Vite ! Il fallait prendre la fuite à nouveau. Morts de peur cette fois, les aventuriers galopèrent aussi vite que possible.

– Qu'est-ce qu'on fait ? hurla Prunelle.

– T'as pas un plan de secours ? espéra Robin.

– Tu crois que je vis dans la jungle ?!

– Non, mais c'est toi la pro de l'Afrique, cria Robin qui courait devant Prunelle.

Dans la nuit de la jungle, il fallait trouver une solution, sinon c'en était fini pour eux. Les vautours criaient dans le ciel.

– Tiens ! Voilà l'entrée d'une grotte ! Allons-y ! proposa Robin.

Ils s'engouffrèrent dans la crevasse et pénétrèrent dans la caverne obscure.

Ploc ! Ploc ! Ploc ! Des gouttelettes d'eau tombaient du plafond noir sur la surface de l'eau. Les enfants faisaient très attention à chacun de leurs pas. Les dangers, il y en avait partout dans la jungle.

– Robin, c'est notre jour de chance, se réjouit Prunelle.

Une barque flottait et tapait contre la paroi rocheuse. Une corde la retenait, mais le remous de l'eau berçait sa solitude.

Les deux amis sautèrent dans l'embarcation. Ils n'avaient aucune idée de ce qu'ils allaient faire ensuite. Robin empoigna les rames et manœuvra pour sortir de la grotte.

– J'ai soif ! se plaignit Prunelle.

Alors qu'elle sortait de son sac la bouteille, elle tomba nez-à-nez avec l'Atlas.

– Tu crois qu'on peut s'en servir pour s'échapper d'ici ? questionna Robin.

– Essayons !

Prunelle ouvrit le livre au hasard. La barque se mit à tourbillonner au milieu de l'eau.

– Haaaaaaaa ! Prunelle, on va mourir !

– Mais non ! Aie confiance !

La fillette agrippa le cou de son ami et lui montra leur nouvelle destination qui se dessinait au-dessus des pages.

Chapitre 10

Les Indiens d'Amérique

Terre rouge, ciel orangé et cactus... Il ne faisait aucun doute, la magie de l'Atlas les avait emmenés sur la terre des Indiens d'Amérique. Les tipis se dressaient dans le paysage et les Indiens n'étaient pas loin. Un feu crépitait laissant s'échapper un épais nuage de fumée.

– Robin ! On est dans les plaines américaines, s'exclama la fillette, pleine de joie.

– Et on a remonté le temps. Ce livre nous fait voyager autour du globe, mais il nous fait également traverser les siècles, expliqua Robin, en bon historien.

– Qu'est-ce que tu veux dire ?

– Si on regarde autour de nous, on constate qu'il y a des marques du passage des colons, ceux qui voulaient prendre les terres aux Indiens pour les cultiver.

– Il y a des traces de chariots au sol. C'est aussi l'œuvre des colons, reprit-il en touchant la terre.

Au loin, on voyait en effet des camps de roulotes. Des bœufs et des chevaux formaient un petit troupeau sur le côté. Des habitations en bois quadrillaient la terre sauvage.

– C'est la route de Santa Fe, c'est bien ça ? demanda Prunelle qui venait de se remémorer une lecture sur les Indiens d'Amérique.

– C'est exactement ça. Les marchands américains faisaient leur commerce en vendant des fusils, des couteaux, des ciseaux et toutes sortes d'objets un peu dangereux, développa Robin.

– Mais ils allaient dans quelle direction?

– Vers le Nouveau-Mexique.
Une fois arrivés, ils revenaient chargés de fourrures, d'or et d'argent, gronda Robin.

– Tu as l'air en colère! s'inquiéta Prunelle.

– Oui! Ces marchands ont profité des Indiens et les ont empêchés de vivre selon leurs traditions. Ils ont décimé des tribus. On est dans le « Grand Désert américain ». Cette espace leur fournissait d'excellents pâturages pour les bêtes, raconta le jeune garçon en fronçant les sourcils.

Leur conversation fut surprise par des chants indiens. Étaient-ce des Sioux qu'ils entendaient? Les deux enfants suivirent alors la mélodie.

Après avoir marché quelques instants, ils arrivèrent à proximité d'une tribu d'Indiens qui tournaient autour d'un feu. Les adultes fumaient le calumet. Les enfants dansaient. Les Peaux Rouges chantaient. Quand ils virent les deux inconnus arriver, ils prirent la parole.

– Bienvenue à vous, Visages Pâles, lança un des Indiens.

Prunelle et Robin furent surpris. Ils ne s'attendaient pas à être si bien accueillis.

Chapitre 11

Le message des Esprits

– Nous vous attendions, annonça Thaóyate Dúta, le grand chef Sioux.

– Bonjour, je m'appelle Prunelle et lui, c'est Robin, mon meilleur ami.

– Asseyez-vous Visages Pâles et unissez-vous à la danse des Esprits, ordonna le grand chef.

Les aventuriers de l'Atlas n'osèrent pas refuser et s'installèrent autour du feu. Une jeune femme, d'une extrême beauté, prit alors la parole.

– Nous avons besoin d'aide, peut-être pourrez-vous faire quelque chose. Les colons nous ont obligés à vivre dans des réserves et nous interdisent de chasser le bison. Nous en tirons notre nourriture. Nous plongeons peu à peu dans la famine.

– Mais qui vous veut autant de mal? demanda Prunelle, choquée de ce qu'elle venait d'entendre.

– Buffalo Bill, lâcha Robin anticipant la réponse de la belle Indienne.

– Exactement. Je vois clair dans ton cœur, Visage Pâle, dit-elle en regardant Robin. Je sais que tu es de notre côté.

– Et, en quoi pouvons-nous vous aider? questionna Prunelle.

– On raconte qu'il est actuellement dans un village voisin. Si personne ne l'arrête, il continuera de chasser tous les bisons ne nous laissant aucun moyen de survivre. Vous devez nous aider à éloigner Pahaska de nos terres.

– Pahaska? répéta Prunelle, interrogative.

– C'est le surnom que donnent les Indiens à Buffalo Bill, ça veut dire « cheveux longs » en langue sioux, expliqua savamment Robin.

Les petits Sioux poursuivaient leur danse autour du feu, maniant le carquois et les flèches. Les deux amis, quant à eux, s'étaient fourrés dans une drôle de situation. Prunelle se pencha sur l'épaule de Robin et murmura :

– On fait quoi maintenant?

– Je ne sais pas, mais on ne peut pas les laisser ainsi. J'ai lu tellement de choses sur ce Buffalo Bill... C'est pas un tendre, chuchota Robin.

La belle Indienne les invita à se mettre à l'écart de la tribu.

– Visages Pâles, vous êtes notre unique espoir.

– Nous voulons bien vous aider, mais nous ne savons pas comment, confia Robin. Nous ne sommes même pas armés, et nous n'avons pas de monture.

Elle baissa les yeux au sol, l'air triste.

– L'ATLAS, Robin, raisonna Prunelle. C'est ça. Servons-nous de la magie de ce livre pour qu'il nous emmène où se trouve Buffalo Bill.

– Mais comment? demanda Robin.

– Nous l'avons toujours ouvert par hasard. Il nous a donc amenés dans la partie du globe qui figurait sur cette page. Si mon raisonnement se tient, alors rendons-nous à la page du sommaire et cherchons...

Elle s'interrompit, à court de mots...

– Far West! compléta Robin dans un jaillissement de pensées.

– Exactement! Pensons ensemble, très fort, à la destination et ce livre nous conduira tout droit sur ses traces.

– Belle Indienne, nous allons vous débarrasser de cet homme, comptez sur nous, rassura Robin fièrement.

– Les Esprits vous accompagnent Visages Pâles, termina l'Indienne.

Prunelle et Robin prirent du recul, cherchèrent la bonne page dans le sommaire. Ils se mirent l'un en face de l'autre, prêts à ouvrir le livre à la page « Far West ».

– T'es prêt? lança Prunelle.

– Plus que jamais, affirma Robin déterminé.

D'un geste franc, ils ouvrirent l'Atlas. Un tourbillon de terre rouge, des rafales de vent, de la poussière aveuglante les emportèrent dans un tunnel interminable.

Chapitre 12

Le mystérieux cow-boy

Boom !

– Aïe !

– Ouille ! Ouille !

Prunelle et Robin venaient de heurter violemment le sol. Tête la première, ils étaient sortis du livre comme si l'Atlas venait de vomir des personnages.
Ils attendirent que la poussière qui formait un nuage au-dessus de leur tête se dissipe.

Mission accomplie ! Ils étaient à présent en plein cœur d'un village comme on en voit dans les films de western. Ranchs, saloons, épiceries... Le village était bien celui qui pourrait abriter la terreur de Buffalo Bill.

– Ça va?

– Mouais! Mal au crâne... Violent ce voyage-là! se plaignit Prunelle, son sac à dos à moitié sur la tête.

– On est au Far West! s'écria Robin.

C'était son rêve! Il adorait les films de cow-boys. Robin connaissait pas mal de choses sur la vie dans l'Ouest américain. Les personnages légendaires, que sont les cow-boys, ont soif de liberté. Ils sont fiers de leur indépendance et adorent être craints. Peut-être allait-il sympathiser avec l'un d'entre eux?

Prunelle se releva et remarqua de l'agitation au cœur du village.
Elle réajusta sa casquette d'aventurière, épousseta son short et reprit un large sourire.

« Quelle histoire! » se disait-elle en elle-même. Il y a quelques heures encore, elle était dans sa bibliothèque. Et là, elle était dans les vastes plaines américaines qu'elle avait croisées dans ses livres.

– Robin ! Quelqu'un arrive ! prévint-elle pointant du doigt le mouvement qui agitait le paysage.

On entendait le galop d'un cheval qui tapait le sol et foulait la terre sauvage. Peu à peu, l'image s'éclaircit et ils purent distinguer parfaitement la silhouette d'un cow-boy, coiffé d'un chapeau à larges bords. Il brandissait un lasso qu'il faisait tournoyer au-dessus de sa tête.

D'une main, il guidait son cheval en piquant des éperons. Son bandana rouge entourait son cou. Ce cow-boy avait certainement une idée en tête.

Prunelle et Robin hésitèrent. Fallait-il se cacher ou l'affronter directement?

– C'est peut-être un gentil, dit naïvement Prunelle. On ne sait jamais...

– Tu sais Prunelle, les cow-boys, c'est particulier. On ne sait jamais à quoi s'attendre.

Robin tira son amie par le bras pour se cacher derrière un énorme tonneau. Le cavalier approchait à grands pas. Les deux enfants avaient le dos collé à leur tonneau et retenaient leur souffle. Soudain, ce fut le silence. Le cow-boy avait dû s'arrêter pour inspecter les lieux. Robin fit signe à Prunelle de ne pas bouger d'un cil. Sans crier gare, le cheval se planta devant eux. Le cow-boy les fixa sombrement.
Les deux amis commencèrent à trembler. Dans quel pétrin s'étaient-ils fourrés?

Chapitre 13

L'union fait la force

– Hé ! Respirez les gars ! Vous allez éclater comme ça ! On dirait que vous allez fondre sur place, lança le mystérieux cow-boy. On se détend !

Le cavalier descendit de sa monture et posa le lasso sur le dos de l'animal. Il lança sa main d'abord à Prunelle pour l'aider à se relever puis en fit de même pour Robin qui ne détachait pas son regard de l'inconnu.

– Angelo Siringo ! Bienvenue dans la plaine, se présenta-t-il amicalement.

– Salut, moi c'est Robin. Elle, c'est Prunelle.

– On dirait que vous n'êtes pas de la région. Je me trompe?

– En fait, on voyage seuls, répondit Prunelle qui ne voulait pas trop en dire.

– Et que font deux enfants seuls dans une ville déserte de l'Ouest américain?

Vous êtes conscients que vous courez un grave danger? Il y a des cow-boys de mauvais genre par ici, et vous pourriez bien y rester. Vous feriez mieux de filer avant qu'il ne vous attrape, prévint Angelo Siringo.

– Qui « il »? demanda Robin.

– Buffalo Bill, tiens donc! Qui crois-tu que je traque dans les plaines arides, au péril de ma propre vie? rétorqua le cow-boy en mastiquant une brindille qu'il venait de ramasser.

– Génial! Ça tombe à pic! Nous aussi, on le cherche, s'exclama Prunelle.

– Vous le cherchez?

– Oui pour l'arrêter, répondit-elle.

– Ha! Ha! Ha! Pour l'arrêter? se moqua Angelo Siringo. Mais vous savez qui est cet homme au moins? Ce filou qui fait trembler les femmes et les enfants, qui terrorise les Indiens, qui les affame! Cet homme à la moustache aussi raide que l'est son lasso, tonna-t-il.

– Oui, nous savons qui est ce personnage, reprit Robin d'un ton calme.

Nous comprenons que vous soyez étonné, mais nous savons aussi dans quel danger nous mettons les pieds.

– Nous sommes des aventuriers, ajouta Prunelle en tapant du pied. Et puis, on a promis.

– Vous avez promis?

– Oui, à la belle Indienne, répondit Prunelle. Elle nous a tout expliqué.

– Et nous lui avons promis notre aide, compléta Robin.

– Mais vous n'avez même pas de cheval, ni de lasso et encore moins de revolver! s'inquiéta Angela Siringo.

– Oui, mais on a une arme encore plus puissante! répliqua Prunelle qui ne voulait pas passer pour une imbécile.

Le cow-boy resta stupéfait de la réponse faite par la fillette.

– Robin, je pense qu'on doit tout lui raconter. Ensemble, nous pouvons l'arrêter. En unissant nos forces et nos atouts, nous l'aurons, et tout le monde sera content.

– T’as raison Prunelle. Angelo, asseyons-nous, nous avons des choses à te confier si tu acceptes de les entendre, proposa Robin.

Ils s’assirent et les deux amis racontèrent toute l’histoire à Angelo Siringo depuis la bibliothèque, jusqu’aux Indiens en passant par la jungle. Il n’en croyait pas ses oreilles.

Il venait de comprendre que tout se passait dans, et avec un livre...

– Nous sommes dans un livre? Je suis un héros? Je veux dire, le personnage d'une histoire? questionna Angelo Siringo, amusé.

– En quelque sorte, répondit Prunelle. Ce qui veut dire que nous écrivons l'histoire comme nous le désirons. C'est la magie du livre, le pouvoir de l'imagination!

– Exactement! Nous allons déjouer les plans de Buffalo Bill, dit Robin.

– Ça tombe bien. Il est là, dans ce saloon que vous voyez au loin. Il faut le piéger, ajouta Angelo.

– Entendu! Alors, voilà ce que nous allons faire.

Robin expliqua son plan. Prunelle s'assura que le livre était bien dans son sac, Angelo vérifia son lasso. Ils étaient prêts à donner l'assaut.

Chapitre 14

L'assaut

Les trois aventuriers se risquèrent à aborder l'entrée du village désert. Il n'y avait pas un bruit sur la place.

Angelo attacha son cheval à un chariot abandonné, légèrement en retrait des habitations. Il y avait une roulotte garée devant le saloon. Soudain, le cheval d'Angelo lâcha un ronflement qui fit vibrer ses babines. Alertés, les trois compères se cachèrent derrière ce qu'ils trouvèrent : un chariot, un tonneau et un tas de foin. Dans un fracas terrible, les talonnettes en mélodie, un homme sortit en trombe du saloon. C'était Buffalo Bill, le revolver à la main. Les genoux pliés, prêt à bondir, il inspecta les environs. Prunelle, fourrée dans le foin, avait le cœur qui palpitait à tout rompre.

SALOON

Adossé à son tonneau, Robin faisait la statue. Allongé dans le chariot, Angelo gardait son calme de cow-boy expert. Buffalo Bill paraissait sûr de lui puisqu'il ne s'aventura même pas au-delà de la roulotte. Toutefois, il avait la mine fatiguée.

Le légendaire cow-boy retourna dans le saloon. Chacun dans leur coin, Prunelle, Robin et Angelo attendirent quelques minutes encore avant de se regrouper.

– Robin ! Prunelle ! C'est bon, chuchota Angelo.

Avec prudence, ils mirent à exécution leur stratégie. Angelo déboula dans le saloon, armé de son lasso. Buffalo Bill qui avait le dos tourné, porta sa main à son ceinturon pour dégainer son revolver. Mais il était trop tard. Saucissonné par le lasso, il était pris au piège. Au même moment, Prunelle et Robin débarquèrent dans la pièce. Prunelle se jeta aux pieds du cow-boy, encercla ses jambes de ses bras et le fit tomber.

– Vite ! Dépêche-toi, Robin !

L'homme se débattait autant qu'il le pouvait. Il gesticulait comme un ver de terre, essayant de déjouer les plans de ses adversaires. Prunelle était ballottée dans tous les sens.

– Tu vas t'arrêter espèce de mufle, grogna Angelo qui tentait de canaliser l'énergie démoniaque de Buffalo Bill.

Robin se disputait le revolver du cow-boy qui l'agrippait fermement. Il essayait de le faire lâcher prise, mais ce n'était pas gagné. Il avait beaucoup moins de force que cet homme légendaire.

– Robin ! Qu'est-ce que tu fais ?! Je vais finir par lâcher, il bouge trop ! hurla Prunelle qui venait de se cogner contre une table.

– Tu vas lâcher ça à la fin, tempêta Robin contre Buffalo Bill.

– Qu'est-ce que tu crois, p'tit vaurien ! grommela le cow-boy dans sa moustache. Je suis Buffalo Bill, et j'vais pas me laisser faire par des mauviettes de votre genre.

Angelo commençait à faiblir, Prunelle était à bout de force, et Robin ne parvenait pas à le désarmer. Il leva alors la tête, vit une chope de bière sur le comptoir. Il l'attrapa la chope, la renversa sur la tête de Buffalo Bill avant de l'assommer. Il perdit connaissance. Les trois compères soufflèrent un grand coup.

– Il faut qu'on trouve une solution pour s'en débarrasser définitivement, s'exclama Angelo essoufflé.

– Piouf ! J'en peux plus, soupira Prunelle en se couchant sur le sol.

– C'est pas le tout de se plaindre, mais on en fait quoi ? demanda Angelo en essuyant son front plein de sueur.

– On pourrait le mettre dans la carriole, l'attacher et le jeter dans le Missouri ! Au moins les eaux du fleuve l'emporteront loin, très loin ! proposa Robin.

– Et il sévira ailleurs après avoir regagné la rive. Il nous faut une autre idée, répondit Angelo.

– Le livre, s'immisça Prunelle. L'ATLAS ! Utilisons le livre pour en finir avec lui.

– Mais ce sera pareil ! Le livre va le transporter ailleurs et il trouvera le moyen de nuire aux personnes qu'il croisera sur son passage ! remarqua Angelo, inquiet.

Buffalo Bill commençait à reprendre ses esprits. Il fallait agir vite.

– Mon idée est la suivante..., commença Prunelle.

Chapitre 15

Un petit tour dans les étoiles

– Ce livre a le pouvoir de nous emmener où l'on souhaite, rappela-t-elle. Nous allons envoyer Buffalo Bill dans un endroit dépourvu de vie.

Les deux garçons la regardèrent d'un air interrogatif. Elle sortit le livre de son sac et pointa du doigt la ligne du sommaire qui indiquait la destination cadeau de Buffalo Bill.

– L'espace? Tu veux l'envoyer dans l'espace? bégaya Robin.

– Que voulez-vous dire? demanda Angelo.

– Sur la lune au moins, aucun risque qu'il ne tue des bisons, ironisa Prunelle.

– Mais on risque de partir avec lui, remarqua Robin.

– Non, pas si on le laisse tout seul dans le saloon, sourit Prunelle. On va avoir besoin d'une corde Angelo.

Assitôt dit, aussitôt fait, il attacha son lasso au pied d'une table, sortit fouiller dans la roulotte et revint avec une corde.

– Il faut glisser la corde entre les pages sans ouvrir le livre, expliqua Prunelle. Attention, Robin, prévint-elle, sinon on est foutus ! J'ai repéré le numéro de la page. Reste plus qu'à soulever à peine l'angle du livre pour passer la corde sans ouvrir l'ATLAS.

Ils se mirent à l'ouvrage avec délicatesse. Il fallait faire vite, Buffalo Bill bougeait les pieds, il n'allait pas tarder à revenir à lui. Tout était en place.

– Vite sortons, ordonna Prunelle.

Les trois complices sortirent rapidement. D'un geste commun et automatique, Robin et Prunelle trouvèrent refuge dans la roulotte garée sur la place. Contents de leur plan, ils soufflèrent un grand coup. Mais Angelo ne les avait pas suivis.

– Je vous abandonne ici, les amis, fit-il en souriant. D'autres villes de l'Ouest attendent mon aide pour traquer les mauvais cow-boys.

J'ai été heureux de vous rencontrer et pour des enfants sans armes, vous êtes super fortiches ! Sans vous, je n'aurais probablement pas réussi à attraper Buffalo Bill.

– Merci Angelo ! On ne t'oubliera pas et on espère te revoir au fil des pages, hein ? dit Prunelle dans un sourire affectueux.

– Parole de bons cow-boys, promit-il en pinçant son chapeau. Allez ! Allez ! C'est le moment de tirer sur cette corde ! Bon vent mes amis.

Angelo disparut rapidement, monté sur son cheval, à la conquête de nouvelles aventures.

Chapitre 16

Étrange... Étrange...

– Allez Robin, vas-y!

Robin tira d'un coup sec sur la corde. Les deux enfants fermèrent les yeux. Un tremblement de terre terrible fit vibrer le sol. La roulotte grinça et Prunelle tomba sur Robin. Au bout de quelques secondes, ils rouvrirent les yeux.

– Robin? On est toujours au Far West, tu crois?

– Je sais pas, mais en tout cas, on est dans la roulotte, dit-il en poussant un tonneau de vin qui avait roulé contre lui.

– Ils sortirent, le cœur palpitant.

– On est encore en Amérique! Youpi! cria Prunelle, la joie au ventre.

– Attends, avant de te réjouir. Il faut vérifier si tu sais qui a fait bon voyage, répliqua Robin.

– T'as raison.

Les deux amis se précipitèrent, prêts à pénétrer dans le saloon. Ils prenaient un gros risque. Et si Buffalo Bill n'était pas parti grâce à la magie du livre? Ils n'avaient plus le soutien d'Angelo pour les sauver.

– Je rentre en premier, dit Robin. Attends-moi là sur le côté.

Prunelle laissa son ami choisir pour cette fois. Robin poussa les portes battantes. Le livre était par terre. Le saloon était désert. Buffalo Bill avait disparu.

– On a réussi ! se réjouit le garçonnet en s'asseyant près de l'Atlas.

Excitée, Prunelle rejoignit son ami. Alors qu'elle le serrait dans ses bras en signe de soulagement, elle lâcha d'un trait :

– Mais regarde ! Tu avais remarqué qu'il y avait des étagères de livres, toi?

Prunelle montra du doigt une bibliothèque remplie de livres. Lors de l'assaut, ils n'avaient pas prêté attention au décor du saloon.

Toutefois, ces livres semblaient bien neufs pour appartenir à l'époque de l'Ouest américain. Prunelle fit une grimace. Elle trouvait justement cela très étrange.

– Robin, voyons ! Ces livres sont trop colorés pour être de cette époque.

– Ouais, t'as raison, répondit Robin plongé dans ses pensées. Mais attends, tu crois que Buffalo Bill est sur une autre planète à l'heure qu'il est ? relança-t-il.

– Aucune idée !

Soudain, ils entendirent du bruit à l'extérieur. Un son mécanique.

– Cette fois, c'est moi qui y vais, s'imposa Prunelle.

La jeune fille s'aventura seule dehors. Elle entendait des crissements de pneus, comme des cliquetis métalliques de scie. En somme, des bruits qu'elle ne reconnaissait pas vraiment. Elle s'avança vers la roulotte et vit quelque chose bouger derrière les grosses roues. Elle sursauta. Prunelle avait peur. Pour la première fois depuis le début de leur périple, elle avait vraiment la trouille.

Bzzzz ! Bzzzz ! Biiiiiizzz ! Biiiiiizzz !
Wiiiiii... Ou... Wiiiii... Ou
Sixxxx... Xceeee... Sixxxx... Xceeee

Prunelle était pétrifiée. Un bruit comme ça au Far West était tout simplement improbable. Elle ne savait pas quoi faire. Une pensée positive lui traversa pourtant la tête. Garder son calme était la plus sage décision. Prunelle s'apprêtait à tenter une approche amicale avec son attaquant.

SALOON

Chapitre 17

Rencontre mécanique

– Bonjour, je m'appelle Prunelle et je suis une écolière qui adore la géographie, se présenta-t-elle en contournant la roulotte pour atteindre son interlocuteur. Je ne cherche pas les ennuis et je suis sûre que nous pouvons nous entendre.

Alors qu'elle faisait de petits pas, elle entendit une accélération du bruit mécanique. C'est alors qu'elle se retrouva nez à nez avec un robot ! Elle trébucha, tomba en arrière et ne bougea plus. Elle était terrifiée. Soudain, le petit robot remonta jusqu'à elle, lui tendit son bras de ferraille.

– Moi, ami de toi. Pas peur de Libro. Moi, prévenir toi, rentrer maison.

Prunelle se releva et écouta le robot lui parler sans pouvoir dire un mot. La surprise lui cloua le bec.

– Libro venir espace. Toi rentrer maison, jargonna le petit robot.

– Tu veux que je vienne avec toi dans l'espace? reprit Prunelle.

– Non. Toi maison de toi. ATLAS dire à Libro, toi rentrer.

– Tu veux dire que le livre t'envoie pour nous dire de rentrer chez nous? Il n'est pas croyable ce livre, plaisanta-t-elle.

Le robot ne répondit pas, mais hocha la tête pour lui montrer qu'elle avait tout compris. La fillette comprit qu'il était temps pour eux de rentrer dans le monde réel. Ce robot-là, n'était-il pas le fruit de son imagination? Tout cela était-il réel? Elle retrouva Robin qui avait suivi la scène depuis le seuil du saloon.
Il n'avait pas osé bouger par peur de faire flancher les possibles plans de Prunelle.

– T'as entendu, Robin? C'est l'heure! L'aventure est terminée, se désola tristement Prunelle.

– Mouais... Mais on a quand même bien profité et vécu un truc complètement fou! rassura Robin, plein de joie.

– Rentrons chez nous. Merci Libro, dit Prunelle en lui adressant une caresse.

– Mais, comment rentre-t-on? réagit Robin.

– T'as encore pas pigé le truc?

– L'ATLAS encore? Mais à quelle page?

– Tu sais Robin, cette bibliothèque, c'est un morceau de celle de mes parents. J'ai reconnu la collection de mon père, expliqua-t-elle en attirant son ami dans le saloon. Elle n'est pas là pour rien, et tout ça non plus. Ce robot, ces évènements, Buffalo Bill dans l'espace... C'est nous qui créons cette réalité grâce à notre imagination.

– Tu veux dire qu'il nous suffit de penser très fort, d'imaginer une situation pour y être transportés? questionna le garçon.

– C'est ce que je crois. Et vu que c'est l'heure du goûter, tu vois, je crois que même ma cuisine est en train de se dessiner devant nous! Regarde!

Prunelle montra du doigt une table du saloon sur laquelle figurait une assiette

Ils se mirent à rire aux éclats ! Prunelle et Robin venaient de comprendre que les choses apparaissaient et disparaissaient au gré de leurs envies. Robin rêvait d'être un cow-boy, il était devenu un justicier. Prunelle, passionnée de géographie, fit le tour du globe grandeur nature.

Chapitre 18

Des histoires sans fin

Le pouvoir des livres est grand.
C'est ce que Robin et Prunelle comprirent très rapidement. Ils prirent l'Atlas qu'ils tinrent à quatre mains et ensemble, ils pensèrent à la maison de Prunelle, au délicieux goûter qui les attendait dans la cuisine, à l'immense bibliothèque. Et en quelques secondes, les amis atterrirent dans le jardin de Prunelle. Ils passèrent le reste de leur journée ensemble à jouer tranquillement dans le jardin comme deux simples écoliers.

Ils venaient de vivre les plus belles aventures de leur vie, mais ils savaient surtout qu'ils en vivraient d'autres. La lecture, la connaissance du monde, la curiosité et surtout l'imagination permettent de vivre de grandes choses.

Quant à Buffalo Bill, il semblerait qu'il soit bel et bien dans l'espace, quelque part sur une planète de notre système solaire. Un livre de sciences montre des robots coiffés de chapeaux de cow-boy. Tout nous pousse à croire que Buffalo Bill est devenu le bison traqué par les robots de l'espace et qu'il ne monte plus des chevaux à coups de lasso, mais qu'il conduit des soucoupes volantes pour éviter que les robots ne lui fauchent son bandana et sa chemise de cow-boy.

Responsable éditoriale : Jennifer Bentini

Co-responsable éditorial : Richard Mathieu

Ce livre a été composé et édité par l'association littéraire La Plume de l'Argilète.

Achevé d'imprimer en juin 2016 par les soins de SoBook à Roubaix (59).

Dépôt légal 3e trimestre 2015

Imprimé en France

dyslexie

Ce livre a été rédigé en police Dyslexie©, créée par Christian Boer, lui-même atteint de dyslexie.

Elle permet de faciliter la lecture aux personnes ayant des troubles de lecture.

Pour plus d'informations sur la police Dyslexie©, visitez le site www.auxilidys.fr

AuxiliDys

La Plume de l'Argilète
31, au Joli Fou, 57580 Rémilly
www.laplumedelargilete.com

Achevé d'imprimer chez SoBook le 08-01-2020

Linselles - France

N° impression : 605513